Aproximação

à

Neuropsicologia

Juan Moisés de la Serna

Traduzido por Francesca Manuli

Tektime editorial

2019

"Aproximação à Neuropsicologia"

Escrito por Juan Moisés de la Serna

Traduzido por Francesca Manuli

1ª edição: novembro de 2019

© Juan Moisés de la Serna, 2019

© Edições Tektime, 2019

Todos os direitos reservados

Distribuído por Tektime

https://www.traduzionelibri.it

Não é permitida a reprodução total ou parcial desse livro, nem sua incorporação a um sistema de informação, nem sua trans-missão por qualquer forma ou qualquer meio, seja eletrônico, mecânico, por fotocópia, por gravação ou outros meios, sem au-torização prévia e por escrito do titular do copyright. A infração dos direitos mencionados pode ser constitutiva de delito contra a propriedade intelectual (Art. 270 e seguintes do Código Penal).

Dirija-se ao C.E.D.R.O. (Centro Espanhol de Direitos Reprográfi-cos) se necessita fotocopiar ou escanear algum fragmento dessa obra) Pode-se contatar o C.E.D.R.O. através do site www.conlicencia.com ou por telefone através do 91 702 19 70 / 93 272 04 47.

Prefácio

Falar de neuropsicologia é falar de um dos ramos que mais cres-ceram nos últimos anos, uma vez que se baseia nos avanços da psicologia e da neurociência.

O campo da neuropsicologia abrange tanto aspectos teóricos co-mo aspectos práticos de transtornos ou traumas.

Uma área que está sendo cada vez mais solicitada, devido aos grandes benefícios que oferece aos pacientes.

Agradecimentos

Aproveito esse espaço para agradecer a todas as pessoas que co-laboraram para a realização desse texto, especialmente ao Dr. David Lavilla Muñoz, Professor Titular de Comunicação Digital e Novas Tendências, da Universidade Europeia (Espanha) e à Sra. Daniela Galindo Bermúdez, Presidente de Falando com Julis (Co-lômbia): a solução para a comunicação e a aprendizagem de pes-soas com deficiencia.

Juan Moisés de la Serna

Dedicado aos meus pais

Índice

Capítulo 1. Bases Neuronais do Cérebro 7

Capítulo 2. Processos Psicológicos e seu funcionamento 27

Capítulo 3. Alterações das funções cognitivas e avaliação........ 51

Capítulo 4. Técnicas de intervenção nos processos psicológicos
.... 79

Conclusões 89

Sobre Juan Moisés de la Serna 90

Capítulo 1. Bases Neuronais do Cérebro

A Neuropsicologia surge da união de dois ramos de conhecimen-to, a psicologia e a medicina, cujo objeto de estudo são os pro-cessos psicológicos, memória, atenção, linguagem...e como esses se desenvolvem com a idade, e se veem alterados pelos transtor-nos de desenvolvimento e problemas associados a traumatismos, doenças ou à velhice.

Em relação ao cérebro, é necessário conhecer suas bases neuro-lógicas, especialmente no que diz respeito a essas capacidades psicológicas pelas quais a neuropsicologia é responsável.

Anatomicamente o córtex cerebral está dividido pelo sulco cen-tral, ficando de um lado o hemisfério direito e do outro o esquer-do, e abaixo de ambos se encontra o diencéfalo, que são estrutu-ras interiores (tálamo, subtálamo, hipotálamo, epitálamo metatá-lamo e terceiro ventrículo) que conectam com o tronco cerebral (mesencéfalo, ponte de Varólio e o bulbo raquidiano).

Os hemisférios por sua vez podem dividir-se em lobo frontal (si-tuado na parte frontal do cérebro), lobo temporal, lobo occipital (situado na parte anterior do cérebro), lobo parietal (atrás do lo-bo frontal, sobre o lobo temporal e na frente do lobo occipital).

O lobo frontal está associado às funções executivas, ou seja, à capacidade de organização, tomada de decisões e supervisão das mesmas. É onde se recebe "toda" a informação, se processa e responde a partir daí. A lesão dessa estrutura leva à desorganiza-ção do comportamento, desinibição sexual e aumento de com-portamentos de risco.

O lobo parietal é o centro da informação sensitiva, com um papel destacado na linguagem, e sua lesão pode provocar discalculia (problemas na aprendizagem de matemática), dislexia (proble-mas na aprendizagem de leitura), afasia (problemas de pronún-cia), apraxia (problemas de movimento), agnosia (problemas de reconhecimento).

O lobo temporal, envolvido em processos de linguagem relacio-nados com o processamento auditivo, igualmente intervém no processamento de imagens complexas. Além disso, participa dos processos de consolidação de memórias a longo prazo. Sua lesão provoca dislexia, afasia e perda da memória verbal.

O lobo occipital é onde se encontra o centro de processamento visual, onde chega toda a informação percebida pela vista através dos nervos óticos. As lesões nessa área provocam problemas de reconhecimento e processamento das imagens captadas.

Com relação à localização de aspectos como a atenção, a lingua-gem ou a memória, existem diferentes estruturas envolvidas em cada uma, e quando se produz a lesão de um dos lobos, ocorre a perda total ou parcial de tal função.

Abandona-se assim definitivamente a teoria localizacionista que governou durante décadas o estudo da neurociência, o qual pre-tendia atribuir a cada região do cérebro uma determinada função psicológica, de modo que a lesão da mesma impedia a pessoa do desempenho de tal função.

Atualmente considera-se que as funções cognitivas estão distribu-ídas no cérebro, e embora existam centros especializados de pro-cessamento de determinadas informações, sejam auditivas, visu-ais, cinestésicas...tudo em seguida se distribui para constituir os registros de memória, por exemplo.

Para podermos adentrar no conhecimento do cérebro, vamos fa-zê-lo com relação ao mundo emocional, que é muito mais com-plexo do que se pode ver a olho nu. Vamos nos aprofundar nos distintos elementos que o compõem.

Quando falamos de componentes da emoção, depende de onde colocamos o foco de atenção para dizer que existem mais ou menos componentes; assim, em uma primeira aproximação, po-demos falar de três expressões da emoção:

- Neurofisiológica, que abrange todas as vias e estruturas neuro-nais particularmente envolvidas em cada uma das emoções, além das respostas vegetativas de vasoconstrição, taquicardia, respiração acelerada e rubor que acompanham as emoções.

- Comportamental, na qual nosso corpo se transforma em "espe-lho" de nossas emoções, manifestando-se de forma involuntária mediante a expressão facial e corporal, tensionando ou relaxando determinados músculos, que pode revelar o que sentimos, inclu-sive quando tratamos de dissimulá-lo. Da mesma forma, esse componente nos fala do que vamos fazer ou não por seguir essa emoção, ou seja, como serão expressados todos aqueles atos mo-tivados em nosso comportamento e na forma em que nos relaci-onamos com os outros.

- Cognitiva, que tem mais a ver com como percebemos nossa própria emoção e a dos outros, e como a interpretamos, ou seja, a vivência subjetiva de nossos sentimentos. A carência de uma adequada educação emocional pode estar por detrás da Alexiti-mia, onde a pessoa é incapaz de identificar e interpretar corre-tamente sua suas próprias emoções

MacLean (1949) propunha a evolução do cérebro em

três grandes etapas, o reptiliano, paleomamífero e o neomamífero; sendo o segundo (onde aparece o sistema límbico) o responsável pelo processamento emocional, o que indicaria que esse sistema emocional é anterior, e justificaria suas qualidades no processa-mento de estímulos afetivos.

Com respeito às bases neuronais da atividade emocional, as áreas que têm maior implicação no processamento das emoções são as subcorticais (amígdala e gânglios basais) e algumas áreas corti-cais, principalmente o córtex pré-frontal, o córtex temporal e o cingulado.

Em relação à localização do processamento dos estímulos positi-vos versus os negativos, não se chegou ainda a um consenso, as-sim alguns autores defendem que a ativação hemisférica se pro-duz por igual diante dos estímulos positivos e negativos. Davidson (1984) propôs um modelo de distribuição hemisférica do proces-samento de estímulos afetivos, segundo o qual o lobo temporal direito processaria os estímulos negativos, enquanto o esquerdo processaria os positivos.

Complementando o anterior, Heller (1993) defendeu a existência de uma área cerebral mais ampla (parieto-temporal) como a res-ponsável por analisar o componente da ativação (arousal) dos estímulos; assim as zonas frontais anteriores estariam envolvidas no processamento da valência (positivo, negativo ou neutro) e a experiência emocional, enquanto que as zonas posteriores seriam do componente arousal e dos aspectos perceptivos das emoções.

A existência do circuito emocional-perceptivo-memorístico no cérebro humano está amplamente aceita, onde a amígdala tem um papel crucial, registrando as ocorrências dos estímulos emo-cionais.

Assim, a informação com conteúdo emocional tem significativa-mente mais probabilidade de ser melhor armazenada e recupe-rada, com relação à informação com conteúdo neutro.

A extensa conexão entre a amígdala e as regiões visuais extraes-triado e do hipocampo permite à amígdala modular seu funcio-namento e facilitar a função perceptiva e mnésica nessas áreas, e esses resultados se confirmam em pacientes com lesões na amígdala.

Entretanto, há evidências que indicam que a aprendizagem emo-cional associada à amígdala está limitada temporalmente e os efeitos posteriores sobre a memória podem ser devidos à partici-pação de outras regiões do cérebro, como o córtex orbitofrontal.

Estaríamos diante de um circuito de processamento emocional que contrastaria com a forma de processamento cognitivo espe-cífica. No circuito emocional os estímulos parecem ser analisados automaticamente, de forma mais rude e rápida, seguindo uma estratégia configuracional; segundo Arbib e Fellous (2004), trata-se de uma comunicação simplificada, mas com informação de grande relevância para a sobrevivência e o desenvolvimento adequado dentro do nicho ecológico. Portanto, essa capacidade de processamento em paralelo representa uma vantagem competiti-va para a sobrevivência no meio ambiente, uma vez que permite ao sujeito evitar ameaças e perigos de forma imediata, inclusive antes de avaliada a informação conscientemente no córtex pré-frontal,

Vários estudos com animais informam sobre a existência de uma via direta desde os neurônios sensoriais até o sistema límbico, especialmente ao núcleo da amígdala. Alternativamente a essa via, é realizada uma análise mais fina e lenta dos estímulos su-portados pelos neurônios sensoriais, que conectam diretamente através dos núcleos do tálamo (que também recebem informação da amígdala) até uma região ampla do córtex cerebral.

Estudos com Tomografia por Emissão de Pósitrons (PET) apontam a coexistência dessas duas vias diferentes de processamento; os mesmos resultados foram obtidos mediante Ressonância Magné-tica Funcional (IRMf).

Observou-se que a amígdala desempenha um papel

fundamental no processamento das emoções. Holland e Garllagher (2004) in-dicam que a amígdala pode influenciar nas áreas corticais por meio de três vias: as de feedback, proveniente de sinais cinestési-cos, viscerais e hormonais (o que permitiria ao organismo prepa-rar-se para a ação, seja para orientação ou fuga); as de projeção a redes de ativação geral ou arousal (podendo colocar o organis-mo em alerta e com isso captar os estímulos ameaçantes com maior nitidez) e a de interação com o córtex pré-frontal medial (o que a levaria a uma orientação dos recursos atencionais para o estímulo emocional presente, limitando o restante dos processos cognitivos).

Por outro lado o córtex pré-frontal envia diferentes projeções à amígdala, permitindo às funções cognitivas (integradoras da in-formação do processamento do estímulo emocional e do contex-to) regular o papel que a amígdala tem sobre as emoções.

Em outras palavras, respondemos abruptamente (resposta de so-bressalto e fuga) à visão de um animal perigoso, como por exem-plo um urso (processamento emocional), mas não produzimos essas reações quando vemos o mesmo urso atrás de uma jaula, no contexto de uma tarde relaxada de domingo, durante uma visi-ta familiar ao zoológico da cidade (processamento cognitivo).

Mas, se até agora falamos de áreas especializadas, não

podemos esquecer que o cérebro funciona com conexões elétricas e quí-micas, das quais os neurohormônios desempenham um papel muito significativo nas emoções.

Além das inervações diretas entre as estruturas cerebrais, que estabelecem comunicação entre elas por meio de impulsos elé-tricos, deve-se considerar que existe toda uma rede de conexões, mais difíceis de especificar, graças às substâncias químicas que servem como meio de comunicação, conhecidas como neuro-hormônios, que também terão uma grande influência na percep-ção e expressão de emoções como a dopamina.

- A dopamina é geralmente associada à obtenção de prazer e de-sejo sexual; ativa o sistema nervoso simpático, necessário para um novo aprendizado, baseado no desejo de obter reforço. Altos níveis de dopamina melhoram a motivação, o bom humor e o desejo sexual. Sua inibição produz desmotivação, indecisão, baixa da libido e inclusive depressão. Produzido a partir da área teg-mental ventral, atinge o núcleo acumbes, a amígdala, a área sep-tal lateral, o núcleo olfatório anterior, o tubérculo olfatório e o neocórtex.

- A ocitocina é associada à empatia, o desejo sexual e o compor-tamento paternal, facilitando a formação de vínculos afetivos. Produzido no núcleo supra-óptico e no núcleo paraventricular do hipotálamo até chegar à hipófise e daí para a corrente sanguínea.

- A adrenalina aumenta o batimento cardíaco e a pressão sanguí-nea, e prepara o organismo para situações de tensão, sejam agradáveis ou não. Altos níveis de adrenalina provocam fadiga, falta de atenção, insônia, ansiedade e inclusive depressão. Bai-xos níveis provocam apatia e depressão.

- A noradrenalina está envolvida nos processos de atenção, aprendizado, sociabilidade e sensibilidade às emoções e desejos dos outros. Altos níveis provocam facilidade emocional, hipervigi-lância e desejo sexual. Sua inibição produz falta de concentração. desmotivação, depressão, perda da libido e autorreclusão.

- A serotonina, associada ao apetite e desejo sexual, contribui também para o aparecimento do sono, a coagulação do sangue e o aparecimento de enxaquecas. Altos níveis produzem calma e paciência, sociabilidade e adaptabilidade. A deficiência desse neurotransmissor pode provocar tristeza, ansiedade, irritabilida-de, explosões de raiva, hiperatividade, flutuações do humor, insô-nia e depressão.

- A acetilcolina afeta a capacidade de retenção da memória a curto prazo. Níveis altos facilitam a aprendizagem e a memória. Sua inibição produz problemas de aprendizagem e memória que podem levar à demência senil.

- GABA, ácido gama-aminobutírico, é responsável pela inibição de boa parte do restante dos neurotransmissores, favorecendo o re-laxamento. Níveis altos produzem boa memória, sedação e sono. Sua ausência provoca dificuldades para dormir, ataques de pânico e estados de ansiedade.

- As endorfinas, pertencentes ao tipo de neurotransmissores opi-oides, moduladores da dor, temperatura, fome e reprodução, também conhecidas como hormônios da felicidade ou da alegria. Baixos níveis provocam dificuldades para sentir prazer e felicida-de, e anedonia, tornando a pessoa mais sensível aos reveses da vida.

Alguns autores têm apontado o acúmulo concomitante de dopa-mina e serotonina como responsáveis pelo aparecimento da raiva.

Com todo o exposto, propõe-se uma abordagem à complexa rede de conexões elétricas e químicas das diferentes estruturas envol-vidas na formação e manutenção de emoções, às quais o cérebro deve atender para dar resposta, e para o qual existem uma série de mecanismos chamados integradores, responsáveis por receber e analisar "partes" de informações, para assim dar uma melhor resposta.

O primeiro integrador, e mais conhecido, é sem dúvida o córtex cerebral, que recebe a informação procedente da pele, músculos e órgãos dos sentidos, e a partir daí toma as decisões conscientes ou automáticas para manter o equilíbrio. Da mesma forma, o alocórtex (hipocampo) e o mesocórtex receberão inervação vege-tativa, além de informação emocional, encarregando-se de pro-duzir efeitos viscerais.

Origem dos problemas neuropsicológicos

No campo das emoções, tanto em termos de estrutura quanto de funcionamento, devemos ter em mente que isso se trata de seu desenvolvimento "normal".

Porém, pode haver uma infinidade de fatores que impeçam que esse desenvolvimento chegue "a bom termo", no caso dos trans-tornos do neurodesenvolvimento, ou que, uma vez desenvolvidas essas habilidades, se percam com o tempo, principalmente nos idosos, ou como resultado de algum trauma ou doença.

A seguir, dois exemplos de como as habilidades e capacidades da pessoa podem ser afetadas devido às modificações "sofridas" no cérebro.

Deve ser levada em consideração a estreita relação entre o mun-do psicológico e o cérebro, como é o caso dos traumas. Embora os traumas da infância têm sido a base de muitas teorias psicoló-gicas, começando pelas de Freud, ainda há muito a se conhecer a respeito.

Uma das limitações dessas teorias psicológicas baseadas nos traumas infantis é que se baseiam na recordação do que aconte-ceu há trinta, quarenta ou cinquenta anos atrás.

À medida que nos desenvolvemos, vamos formando novas "ca-madas" de experiências na vida, que vão nos moldando como somos e o que fazemos, afetando nossas decisões presentes e fu-turas.

Às vezes, podemos pensar que essas decisões não são totalmente "livres", uma vez que podem ser determinadas de alguma forma pela vivência de experiências traumáticas do passado, seja esse próximo ou na infância.

Uma situação que, com políticas adequadas, pode ser "controla-da", sobretudo na idade escolar, evitando que os pequenos sejam vítimas de agressões de seus companheiros.

Tentar explicar o comportamento de um adulto com base no que aconteceu com ele parece uma proposta bastante limitada, mas, igualmente, ignorar os acontecimentos passados, especialmente se esses foram traumáticos, pode ser uma ideia infeliz.

Pesquisas recentes mostram como o maltrato ou a

violência na infância podem deixar marcas no comportamento social, conta-minando e dificultando as relações íntimas com o sexo oposto. Mas, como os traumas infantis afetam o cérebro?

Isso é justamente o que os cientistas têm tentado descobrir, atra-vés de uma pesquisa realizada em conjunto pelas instituições Hospital Universitário Hamburg-Eppendorf, a Universidade de Würzburg, o Hospital Universitário Münster, o Hospital Universitá-rio Johann Wolfgang Goethe, o Centro Médico Universitário Johannes Gutenberg, em Mainz, a Clínica Universitária de Wuerz-burg, todas na Alemanha, juntamente com o Karolinska Institutet (Suíça), cujos resultados foram publicados na revista científica Social Cognitive and Affective Neuroscience Advance Acess.

Participaram do estudo 1158 pessoas, das quais 325 foram exclu-ídas por apresentarem problemas familiares de saúde mental, sendo que ao final foram trabalhados dados de 833 adultos, com uma média de 25 anos.

A todos eles foi aplicado um questionário padrão para avaliar eventos traumáticos durante a infância, denominado Childhood Trauma Questionnaire (C.T.Q.), outro para avaliar os eventos traumáticos dos últimos doze meses, através do List of Threate-ning experiences (L.T.E.), também um questionário para avaliar a presença de problemas de ansiedade, através do Spielberger Trait Anxiety Scales (S.T.A.I.), e por último, para comprovar a presença de sintomas depressivos, o General Depression Scale (A.D.S.-K.).

Da mesma forma, foram obtidas medidas morfológicas do cére-bro de 129 deles, selecionados aleatoriamente.

Os resultados mostram que aqueles que sofreram eventos trau-máticos presentes ou na infância significativamente apresentarão mais sintomas depressivos e ansiosos, do que aqueles que não sofreram.

Com relação à morfologia cerebral, foram encontradas diferenças no córtex cingulado anterior, resultado esse significativamente menor.

Apesar do número importante de participantes, o estudo não in-forma sobre a quantidade de homens e mulheres, nem separa os resultados em função do gênero, o que não nos permite verificar se o gênero é uma variável relevante nas consequências dos traumas infantis.

Uma das limitações do estudo é justamente a exclusão dos 325 participantes, o que não nos permite saber se esses traumas in-fantis são afetados em função de que se tenham antecedentes familiares com problemas de saúde mental ou não.

Deve-se destacar que os traumas passados e presentes têm os mesmos efeitos tanto emocionais como cerebrais, embora esses últimos não sejam produzidos na amígdala, o centro do controle emocional, como se poderia esperar, mas sim no córtex cingula-do anterior, responsável, entre outras coisas, pela regulação da tomada de decisão, a empatia e as emoções.

Portanto, produz-se uma alteração na morfologia que pode ser traduzida em uma mudança na maneira de se relacionar com os outros, tudo isso somado à presença de sintomatologia depressiva e de ansiedade.

Baseado nesses resultados, deve-se evitar, na medida do possível, os traumas infantis, uma vez que, embora não determinem o comportamento adulto, chegam a modificar o cérebro e a forma que esse processa a informação emocional.

Da mesma forma, o cérebro e as funções cognitivas podem ser afetados temporária ou permanentemente por um traumatismo ou uma doença, como no caso da doença de Parkinson.

A doença de Parkinson, quando se encontra em uma fase avança-da, é rapidamente reconhecida pelos tremores característicos, embora devemos lembrar que nem todos os tremores que possa experimentar uma pessoa indicam que ela sofre de doença de Parkinson.

Mas esse não é o único sintoma experimentado durante

a doen-ça, pois vem acompanhado também de distúrbios do sono, perda da capacidade olfativa, dificuldade para caminhar ou se mover, mudança de hábitos ao falar ou ao escrever, rigidez na expressão de emoções...

Esses sintomas serão cada vez mais facilmente detectáveis à me-dida que avança a doença, e agravam os que já existem, o que afetará diretamente a qualidade de vida do paciente e de seus familiares, uma vez que o paciente será cada vez mais dependen-te e exigirá cuidados quase que constantes.

Muitas são as mudanças observáveis, embora haja outras de âm-bito psicológico não tão evidentes, como as mudanças no estado de ânimo, com predomínio da depressão. Inclusive, pode apresen-tar-se nas fases mais avançadas o que é conhecida como demên-cia de Parkinson, que produz uma série de falhas de memória, além afetar o raciocínio, a linguagem e a maneira de comportar-se socialmente a pessoa. Tudo isso apenas agrava a qualidade de vida do paciente. Mas, como muda o cérebro antes do Parkinson?

Isso é justamente o que está sendo estudado na Universidade de Módena e Reggio Emilia, cujos resultados foram publicados na revista científica Parkinson´s Disease.

No estudo participaram 40 pessoas, sendo 25 pacientes com a doença de Parkinson diagnosticada há cinco anos, com uma ida-de média de 60 anos, e outras 15 pessoas com a mesma idade, sem a doença.

Todas foram submetidas à ressonância magnética funcional, em que se escaneava o cérebro em busca de diferenças morfológicas significativas, nos pacientes com Parkinson versus os pertencen-tes ao grupo de controle.

Os autores encontraram diferenças quanto ao volume da substân-cia cinza do cérebro, especialmente reduzida nos pacientes de Parkinson no córtex parietal direito e na estrutura interna do cé-rebro, e também no putâmen, responsável pela via motora e en-carregado de executar os movimentos aprendidos.

Dois anos depois voltou-se a realizar o mesmo estudo, com os mesmos participantes, para ver como haviam mudado seus cére-bros, aumentando agora a idade média para 62 anos.

Foram encontradas agora também diferenças significativas no núcleo pendilubio e no núcleo pedunculopontino e a região moto-ra do mesencéfalo.

Segundo os autores, observar como a progressão da doença de Parkinson vai afetando novas áreas, é um grande avanço, pois também nos permite saber como tratá-la. Atualmente estão sen-do desenvolvidos medicamentos para interromper a progressão da doença, e inclusive a longo prazo, surge a possibilidade de re-verter seus efeitos e, assim, alcançar a verdadeira cura.

O estudo, apesar de apresentar resultados significativamente cla-ros, não permite concluir sobre a progressão da doença de Par-kinson, uma vez que não foram realizadas avaliações em paralelo sobre a mudança da doença, através de testes neuropsicológicos que permitem determinar em qual das cinco fases da doença a pessoa se encontra.

O número escasso de participantes faz com que seja difícil extra-polar os resultados, uma vez que esses efeitos poderiam se ver condicionados pelo meio ambiente onde se desenvolve a pessoa, o tratamento que recebe, a alimentação..., variáveis não contro-ladas que permitem extrapolar os resultados a outras populações de pessoas afetadas com a doença de Parkinson.

Da mesma forma, a observação por apenas dois anos, em paci-entes que sofrem da doença há oito, não permite saber se existi-am a existência de diferenças iniciais entre os participantes.

Sabe-se que a doença progride, vai aumentando a gravidade dos sintomas e a incapacidade que causa no paciente com Parkinson, por isso, também deveria ser dado continuidade ao estudo, para acompanhar os pacientes e observar quais novas estruturas estão envolvidas na doença.

Capítulo 2. Processos Psicológicos e seu funcionamento

O tempo de gestação média nos seres humanos é de nove meses, o que não é dos mais longos entre os mamíferos, pois os elefan-tes, por exemplo, podem chegar até os vinte e dois meses, Mas há uma característica de nossos bebês distinta do resto do mundo animal, que é a dependência para sobreviver, a qual se estende durante anos.

A maioria dos animais, logo após o nascimento, são capazes de ficar em pé sobre suas patas e andar, ou de nadar sem nenhuma dificuldade quando são aquáticos. Mas, o que acontece com os seres humanos?

O bebê humano é um dos seres mais indefesos e dependentes, precisa de cuidado e atenção até além da puberdade, antes de ser independente e autossuficiente; o momento de deixar sua casa, com um trabalho que o sustente, é o que se poderia equipa-rar ao da independência dos animais, que na maioria dos casos ocorre sem que se tenha passado muito tempo desde o nasci-mento, e nos seres humanos às vezes se prolonga até os trinta anos. Mas, por que é assim?

O cérebro é um dos órgãos que o bebê ainda não tem totalmente formado ao momento de nascer, e durante os primeiros anos de vida ele experimenta uma série de mudanças importantes, como:

- Durante a etapa fetal, entre o segundo e o quarto mês de vida, o cérebro sofre um processo de proliferação neuronal, seguido de outro de seleção neuronal, onde se produz a apoptose, ou seja, uma morte neuronal programada, em que sobrevive somente a metade dos neurônios que existiam. Depois dessa etapa, o cére-bro irá manter o mesmo número de neuronas para o resto da vi-da. Ao menos essa é uma crença que se tinha antes de ser desco-berta a neurogênese, ou seja, a capacidade do cérebro de forma-ção de novas neuronas, as quais podem ser produzidas de forma ilimitada durante toda a vida, inclusive nas etapas adultas.

- O processo de mielinização neuronal, o qual consiste em reco-brir os axônios neuronais, que é a parte responsável por conectar-se com outros neurônios, o que facilita a interconexão entre elas. Esse processo é realizado em momentos diferentes, dependendo da região em que ocorre, iniciando-se nas áreas primárias senso-riais e motoras, terminando aproximadamente na puberdade com a mielinização das áreas de associação frontal e parietal.

- O aumento das conexões neuronais, facilitado justamente pela mielinização, e que tem muito a ver com as experiências pelas quais o bebê vai passando, e que irão moldar seu cérebro. A ex-pressão "As crianças são como esponjas", pois absorvem tudo, fala precisamente dessa capacidade de aprendizagem de um cé-rebro em formação, que se nutre de todo tipo de informação pro-veniente de seu ambiente.

- O aumento do tamanho do cérebro, que dobra no primeiro ano de vida e triplica no segundo ano, em relação ao tamanho da ca-beça do bebê ao nascer.

- A neuroplasticidade, na qual os neurônios previamente indife-renciados se especializam no processamento de um certo tipo de informação, estabelecendo conexões com seus "vizinhos", for-mando assim as regiões de processamento especializado, como a área visual, auditiva, sensível ou motora.

Todo esse processo de maturação cerebral ocorre gradualmente à medida que o organismo se desenvolve.

Mas esse desenvolvimento, apesar de possuir muita programação biológica, ou seja, uma base genética que estabelece as etapas pelas quais o cérebro passa, pode ser facilitado ou dificultado, graças à estimulação materna, mesmo durante a gravidez. É o que afirma um estudo realizado pela Universidade de Helsinki (Finlândia), publicado no Proceedings of the National Academy of Sciences, a publicação oficial da Academia Nacional de Ciências dos Estados Unidos, que analisou 33 mulheres, metade das quais foram submetidas a ouvir repetidamente durante o dia uma pseudopalavra, ou seja, uma palavra inventada que não existe em seu idioma, enquanto que a outra metade não ouviu nada novo.

Após o nascimento, o bebê foi avaliado por meio de um eletroen-cefalograma, que avalia a atividade elétrica do cérebro, no qual se constatou que os bebês do primeiro grupo foram capazes de reconhecer as pseudopalavras, o que indicaria uma certa capaci-dade de aprendizado e memória. A partir desse estudo, então, se afirma a importância da estimulação precoce no desenvolvimen-to cognitivo, mesmo antes do nascimento, durante a gravidez.

São chamados de processos psicológicos as diferentes capacida-des que uma pessoa exibe e, embora exista uma grande interde-pendência entre elas, geralmente se fala de habilidades como memória, linguagem ou atenção, entre outras.

- A inteligência

O conceito de inteligência foi sendo analisado como unitário e estável ao longo do tempo, embora nos últimos anos suas dimen-sões tenham sido repensadas teoricamente.

Daí surgiu o termo inteligências múltiplas, que se

refere a diferen-tes dimensões da inteligência, como por exemplo, artística, musi-cal, matemática, social..., ou seja, agora, e com base nessa abor-dagem, uma pessoa pode ter uma grande inteligência musical, mas não se destacar no restante das inteligências.

O conceito unitário de inteligência nos permite falar de um nível superior ou inferior, mas também de um nível excessivamente alto (gênio) ou reduzido; por outro lado, com a abordagem de múltiplas inteligências, pode-se ser um gênio em uma das áreas, mas ser "normal" e até mostrar deficiências em alguma das ou-tras inteligências.

Apesar dessa mudança de concepção e análise dos diferentes modelos de inteligência, o que parece ser indiscutível é a estabi-lidade da inteligência ao longo do tempo, apesar do grande esfor-ço das instituições educacionais para aumentar o nível de seus alunos; sendo assim, de alguma forma é esperado que ele melho-re com a educação. Mas, o nível de inteligência é mantido ao longo da vida?

Pelo menos é o que se tenta demonstrar com um estudo realiza-do pela Western University of Illinois e Loyola Marymount Uni-versity, cujos resultados foram publicados na revista científica Journal of Intelligence.

Os dados a serem analisados foram extraídos de um estudo longi-tudinal multifatorial do Murray Research

Archive, da Universidade de Harvard, que analisa 157 participantes durante 30 anos, ob-tendo seus dados quando tinham entre 3 e 4 anos, 11, 18 e 32 anos.

Todos eles receberam uma infinidade de questionários padroniza-dos ao longo do tempo, mas para o estudo foram usadas apenas as informações relacionadas a um questionário de alta capacida-de chamado Q-sort Methodology, e o California Q-Set (CCQ), Item "Alta capacidade intelectual"; o desenvolvimento de habilidades acadêmicas, através da escala Wechsler Preschool and Primary Scale of Intelligence (WPPSI). Além disso, foram levadas em con-sideração outras variáveis como sexo, nível socioeconômico e es-colaridade dos pais.

Os resultados mostram uma relação significativa entre os níveis iniciais de inteligência e os desenvolvidos ao longo do tempo, ava-liados no desempenho acadêmico.

Embora o estudo seja claro quanto à capacidade de prever a inte-ligência, ele não chega a avaliar o papel da educação sobre a mesma, e como um maior ou menor nível educacional se relaci-ona ou não a uma maior inteligência, o que validaria os esforços das instituições educacionais, ou questionaria se há relação entre o nível educacional e a inteligência.

O estudo também se concentra apenas na inteligência acadêmi-ca, ou seja, na capacidade de responder adequadamente às de-mandas e demandas das instituições acadêmicas em cada um dos níveis educacionais, esquecendo-se a abordagem dimensio-nal, que considera que se pode ter um rendimento acadêmico normal por uma inteligência normal nesse aspecto, mas logo se destacar, e inclusive ser um gênio, em outros âmbitos, como o artístico ,o social..., que por não ser "útil" para instituições de en-sino, não se avalia nem se aprimora tudo que o aluno possa preci-sar.

- A linguagem:

Uma das maiores dificuldades dos transtornos psicológicos é de-terminar se há ou não uma carga genética, em sua origem o agravamento.

A importância de poder determinar o papel genético desses transtornos permite projetar tratamentos farmacológicos mais precisos e eficazes; no entanto, se o papel genético for pequeno ou nulo, o tratamento deve ser baseado principalmente em psico-terapia, exceto nos casos mais agudos, em que a medicação pode ser usada para estabilizar a pessoa.

Entre as alterações genéticas que afetam a saúde de todo o sis-tema imunológico, está o cromossomo 6, especificamente nos antígenos leucocitários humanos, associados a distúrbios imuno-lógicos, presentes em doenças como autismo e esquizofrenia, mas também tem sido apontada a possibilidade de que ele afete outros distúrbios em que há uma alteração da capacidade linguística tanto de compreender como de produzir corretamente a lin-guagem, como foi observado em alguns casos de Transtorno do Déficit de Atenção. Existe então algo de genético no Transtorno do Déficit de Atenção?

É exatamente isso que tentam descobrir no Reino Unido, na Uni-versidade de Oxford, Hospital Infantil de Evelina, Universidade de Edimburgo, Universidade de Manchester, King's College, em Lon-dres, Universidade de Aberdeen, Universidade de Tufts, e no Insti-tuto de Psicolinguística Max Planck e a Universidade de Radboud, ambas na Holanda, publicado recentemente na revista científica Journal of Neurodevelopmental Disorders.

Participaram do estudo crianças e famílias que foram a centros especializados e hospitais infantis. Todos eles foram submetidos a uma análise genética, excluindo-se do estudo crianças com au-tismo ou qualquer deficiência auditiva.

Da mesma forma, foi realizada a avaliação de três testes linguís-ticos, o primeiro com palavras não repetitivas, denominado Nonword Repetition (NWR), o segundo, sobre a avaliação da re-cepção do idioma, denominado Receptive Language Scores (RLS), e o terceiro, sobre a expressividade do idioma, denominado Ex-pressive Language Scores (ELS), sendo os dois últimos realizados através do questionário padronizado chamado Clinical Evaluation of Language Fundamentals (CELF).

Os resultados relatam uma relação positiva significativa dos antí-genos leucocitários humanos com a NWR, enquanto que essa re-lação é significativamente negativa com a ELS, ou seja, a altera-ção dessa carga genética se expressará na capacidade linguística das crianças que sofrem com ela, alteração que, por outro lado, tem sido observada com mais frequência em crianças com Trans-torno do Déficit de Atenção, de modo que as deficiências linguís-ticas dessas poderiam ser explicadas por uma alteração da base genética.

Os resultados, apesar de claros em suas conclusões, explicam apenas uma parte mínima do déficit de atenção, uma etapa ex-plicativa necessária, mas insuficiente para o entendimento dessa psicopatologia, sendo também necessário incorporar as pesquisas relacionadas ao seu tratamento.

- A memória:

Um dos maiores incidentes cognitivos da vida é quando a memó-ria de trabalho é afetada, uma vez que causa grandes problemas no desenvolvimento.

A memória de trabalho é aquela que nos permite trabalhar o aqui e o agora, recordando o que temos que fazer, seguindo um objetivo ou tarefa.

Se a memória de trabalho é lesionada, a pessoa pode se sentir totalmente "perdida", uma vez que inicia uma atividade, como a de ir comprar pão, por exemplo, e no meio do caminho, "dá um branco" sobre para onde ia e o porquê.

Da mesma forma, quando se está em uma conversa, é necessário esse tipo de memória, para seguir "o fio" da mesma; se essa ha-bilidade for danificada, a pessoa logo se "perderá" e não saberá do que está falando ou repetirá os mesmos argumentos. porque não se lembra de tê-los dito antes.

A perda da memória de trabalho ocorre tanto no envelhecimento normal da pessoa como em algumas psicopatologias, como a do-ença de Alzheimer, mas também podem ser vistos casos em jo-vens afetados pelo Transtorno do Déficit de Atenção com Hipera-tividade. Alguns autores defendem que, ao melhorar a memória de trabalho, as crianças com TDAH melhoram significativamente sua capacidade de concentração e atenção, podendo manter ní-veis de desempenho semelhantes aos de seus colegas.

Como podemos ver, é importante saber o que é, mas principal-mente se pode ser treinado satisfatoriamente quando se observa que começa a falhar.

Isso é exatamente o que tentam descobrir com um estudo reali-zado em conjunto pela Universidade do Oregon, a Universidade Técnica da Louisiana, a Universidade da Califórnia e o Instituto de Tecnologia Rose-Hulman (EUA) e recentemente publicado no Journal of Behavioral and Brain Science, sobre Ciência do Comportamento e do Cérebro.

Participaram do estudo 30 jovens, entre 18 e 31 anos, que rece-beram duas avaliações, antes e depois da descoberta.

Todas essas experiências foram realizadas colocando-se o indiví-duo na frente da tela do computador, enquanto era solicitado ao mesmo executar uma tarefa que envolvia memória de trabalho.

Na fase de treinamento participaram somente a metade dos indi-víduos, os quais foram treinados durante duas horas por dia, du-rante 12 semanas.

Ao final dessas fases, todos os participantes, com e sem treina-mento, passaram pela avaliação da transferência para comprovar se havia diferenças entre eles.

Os resultados relatam que não houve diferenças entre os dois grupos no primeiro experimento, enquanto que na fase de avalia-ção da transferência ocorreram melhoras significativas no grupo que recebeu treinamento específico em memória de trabalho.

Além das medidas comportamentais, a pesquisa coletou a ativi-dade elétrica do cérebro, mostrando como os participantes trei-nados tinham uma maior atividade nas áreas pré-frontais do cé-rebro, justamente onde se observou que a memória de trabalho está envolvida.

Embora o estudo tenha sido realizado com poucos participantes, parece apontar claramente os benefícios esperados ao melhorar significativamente a memória de trabalho em apenas 24 horas de treinamento.

Também é necessário adaptar os materiais utilizados às diferen-tes populações nas quais se deseja aplicar a pesquisa, a fim de garantir sua eficácia tanto em jovens quanto em idosos.

Apesar de ser um grande avanço, o conhecimento de que, com um treinamento "pequeno", é possível recuperar uma capacidade cognitiva tão importante e fundamental em nossa vida cotidiana quanto a memória de trabalho.

- A atenção:

As crianças com TDAH mostram maior atividade e uma menor atenção; é importante saber quais funções são afetadas para tra-tá-lo adequadamente.

As crianças desde cedo podem mostrar um comportamento que rapidamente as identifica como inquietas, indisciplinadas e in-tranquilas, com facilidade para se distraírem, inclusive com difi-culdade para aprender, porque não conseguem ficar paradas e assistir às aulas, o que geralmente deixa os professores e até os pais desesperados. Quando esse comportamento se torna uma situação crônica e mantida ao longo do tempo, podemos estar diante de um caso de transtorno do déficit de atenção, que pode ser acompanhado por hiperatividade ou não, definido em cada caso como TDAH (transtorno do déficit de atenção com hiperati-vidade) ou TDASH (transtorno do déficit de atenção sem hiperati-vidade).

O TDAH se caracteriza por comportamentos compulsivos, inter-rupções nas conversas, sem deixar que a outra pessoa termine de falar, fala excessiva, sem respeitar as vezes ao falar ou brincar, não para de se levantar e correr, e quando está sentado move constantemente os pés.

Já o TDASH se caracteriza por ter dificuldades para atender e se-guir instruções, não terminar as tarefas solicitadas, falta de orga-nização em suas tarefas, com perdas frequentes de suas coisas por não estar atento onde as deixou, e facilidade para se distrair com qualquer ruído.

Esse transtorno, embora se desconheça sua causa, parece "desa-parecer" graças ao processo maturacional, embora uma pequena porcentagem se mantém na vida adulta. Além disso, as pessoas que sofrem dessa condição vão desenvolvendo estratégias "com-pensatórias" de forma natural, que permitem um desempenho normal em sua vida tanto acadêmica como profissional.

Entretanto, pode ser fonte de conflito e carga emocional para as crianças, tanto no âmbito escolar como em casa. Portanto, a de-tecção precoce é fundamental para estabelecer o diagnóstico adequado e o tratamento específico que ajude a superar a situa-ção.

Dentro da categoria de TDAH, os transtornos podem ser subdivi-didos em três categorias, TDAH do subtipo predominantemente desatento (TDAH-D), TDAH do subtipo predominantemente hipe-rativo/impulsivo (TDAH-H/I); e TDAH do subtipo combinado entre os dois anteriores (TDAH-C).

Apesar dos grandes avanços já realizados, ainda restam muitas "lacunas" a conhecer do TDAH, como por exemplo a questão do Executivo Central, como possível causa da desatenção. O Executi-vo Central, associado aos lobos frontais, refere-se à capacidade da pessoa de estabelecer e seguir metas, desenhar e organizar planos, antecipar resultados, tudo ao contrário do que se caracte-riza por uma criança com TDAH-D.

Um estudo recente conduzido pela East China Normal University, uma universidade localizada em Xangai, na China, e a Universi-dade de Kyushu (Japão), publicado na revista científica Journal of Behavioral and Brain Science, aborda esta questão para tentar entender a relação entre o Executivo Central e o TDAH-D.

Participaram do estudo 16 crianças diagnosticadas com TDAH-D, as quais não haviam recebido medicação nos três meses anterio-res, comparadas com outras 21 crianças da mesma idade, sem nenhuma patologia, que funcionava como grupo de controle

O Executivo Central foi avaliado em seus quatro domínios diferen-tes: planejamento, memória de trabalho, flexibilidade e resposta de inibição, e mostrou diferenças significativas nos resultados das crianças com TDAH-D, em comparação com o grupo de controle, em planejamento, memória de trabalho e inibição; os resultados da flexibilidade, todavia, não foram diferentes.

Isso quer dizer que as crianças com TDAH-D têm certa imaturi-dade no Executivo Central, uma vez que necessitam muito mais tempo que as outras para estabelecer um planejamento de fun-ções, as quais em muitas ocasiões não chegam a terminar; igualmente se "perdem" com facilidade, "esquecendo-se" do que estavam fazendo, o que dificulta que possam cumprir seus pró-prios planos ou as instruções dos demais, devido a um rendimen-to fraco na memória de trabalho; e por último têm uma escassa capacidade de inibição, o que implica que qualquer estímulo se apresente irá captar sua atenção, já que tem pouca "vontade" de se concentrar e omitir atenção a outros estímulos.

Este estudo abre uma forma de trabalho para poder distinguir, por meio de testes específicos, os diferentes tipos de TDAH e, com base nisso, estabelecer um tratamento adaptado, e também, conhecer em quais áreas a criança mostra deficiências, para as quais se possa projetar intervenções específicas para aliviar ou compensá-las, especialmente nos domínios em que mostram menos 'desenvolvimento" do Executivo Central, para que a criança possa desenvolver uma atividade "normal" e, assim, mostrar um desempenho, como o resto de seus colegas de classe.

- A emoção:

As emoções influenciam nossa maneira de pensar e agir diaria-mente, e é por isso que a intervenção terapêutica se concentra em tentar mudá-las.

Isso desde a descoberta do sistema PNIE, psiconeuroimunoendó-crino, onde se conhece a relação entre os diferentes sistemas do organismo, onde o psicológico influencia diretamente os neurô-nios, o sistema imunológico e o endócrino, e o mesmo acontece com os outros sistemas em relação ao psicológico. A partir dos descobrimentos com respeito ao sistema PNIE, é possível apro-fundar-se no entendimento da origem e tratamento de determi-nadas doenças, para as quais até o momento não se tinha um di-agnóstico claro, como no caso das doenças psicossomáticas.

O componente psicológico está formado pela maneira de pensar, sentir e atuar, que por sua vez estão inter-relacionados, por isso que nossa forma de pensar influencia a nossa forma de sentir e atuar, e o mesmo acontece a partir do mundo das emoções e sua relação com as outras duas. Mas, até que ponto se podem modi-ficar as emoções para afetar a forma de pensar?

É exatamente isso que buscam descobrir na Universidade de Leu-ven (Bélgica), e foi recentemente publicado na revista científica Frontiers in Psychology.

Participaram do estudo 63 alunos universitários, os quais se sub-meteram a um teste padronizado chamado Checklist for Symp-toms in Daily Life (CSD). Além disso, não podiam apresentar ne-nhum diagnóstico físico ou psiquiátrico, nem estar tomando me-dicamentos como ansiolíticos, antidepressivos ou betabloqueado-res.

Os participantes tinham que ver algumas imagens e classificá-las, de acordo com suas emoções, em positivas ou negativas. Além de realizar a tarefa solicitada, foi avaliada a frequência cardíaca dos mesmos e passado a eles um questionário de autocontrole.

Os resultados relataram uma mudança significativa dos pensa-mentos, ao passar por uma condição de manipulação das emo-ções dos participantes.

Os autores destacam a facilidade com que as emoções mudam e como isso repercute rapidamente na forma de pensar e, posteri-ormente, nos comportamentos. Isso tem uma aplicação direta no campo da psicoterapia, onde se pode trabalhar com as emoções dos "rótulos" de saúde, e com isso, combater as doenças psicos-somáticas.

Já sem chegar a esses extremos, Victor Frank, quem desenvolveu a logoterapia, apontava sobre a mudança de vida da pessoa com uma mudança de diálogo, que vai se interiorizando e que muda a forma de pensar.

Apesar das diferenças evidentes entre o trabalho de pesquisa e a psicoterapia baseada em palavras, como no caso da logoterapia de Victor Frank, o estudo valida as bases do segundo, pois nos dois casos, trata-se do fato de que as palavras, modificadas de forma positiva, mudam a forma de pensar e sentir do paciente.

- A percepção:

Deve-se considerar que muitas das habilidades anteriores depen-dem muito dos estímulos externos recebidos. Por isso, se a pes-soa tiver problemas de percepção, ela experimentará um certo nível de incapacidade de processar corretamente seu mundo e responder ao mesmo.

Atualmente, grandes avanços têm sido realizados no campo da engenharia e da mecânica, para projetar e inventar aparatos que suprem determinadas carências a respeito, que vão desde as mu-letas, até os braços biônicos, passando pelos aparelhos auditivos ou os implantes cocleares.

Todos eles buscam oferecer uma melhor "experiência" sensorial, para suprir as carências nesse sentido, e para que a pessoa possa levar uma vida o mais normal possível.

Assim, podemos pensar que a surdez, muito comum nos mais ve-lhos, é um problema sem importância. Mas, como veremos em seguida, ela tem implicações emocionais importantes, uma vez que, em uma sociedade baseada na comunicação, pode tornar-se mais que um inconveniente.

A perda da audição é um problema frequente nos idosos, mas também entre os jovens que se veem expostos a sons excessiva-mente altos; da mesma forma, entre as causas da surdez, estão as genéticas.

Atualmente estamos sendo continuamente bombardeados por sons provenientes de diferentes fontes, seja de veículos ao condu-zir, da televisão ao apresentar as notícias, ou de outra pessoa que tenta nos dizer algo.

É o caso das cidades consideradas as mais barulhentas, onde é difícil separar o barulho das palavras de uma conversa. Mas, o que aconteceria se não tivéssemos acesso a esse som?

O que anos atrás teria sido considerado um trauma, agora e, gra-ças aos avanços, é considerado um problema a ser superado.

A linguagem de sinais tem permitido manter a comunicação com outras pessoas, para poder expressar o que se sente, pensa ou quer, o que de outra forma seria um grande problema de isola-mento. Mas, que consequências emocionais tem a surdez?

É isso que se tenta responder com pesquisa realizada pelo Depar-tamento de Psicologia da Universidade de Gotemburgo (Suécia), cujos resultados foram publicados na revista científica Clinical and Experimental Psychology.

Participaram do estudo 53 adultos, sendo que 33 deles eram sur-dos e o restante com dificuldades auditivas, dos quais 42 eram mulheres, com uma idade media de 42 anos.

Para avaliar a presença de problemas emocionais, foi empregada uma escala padronizada, denominada Positive Affect Negative and Affect Scale (P.A.N.A.S), já para avaliar o nível de stress, foi empregada a Stress and Energy (S.E.), e para avaliar o nível de autoestima, foi usada o Rosenberg's Self-esteem Scale (S.E.S.).

Também foram colhidos dados sociodemográficos dos participan-tes, sobre o nível de educação ou o consumo de tabaco ou álcool, entre outros.

Os resultados mostram que, segundo a avaliação da saúde men-tal, seguindo os critérios do DSM-V, 43% dos participantes sofri-am de Transtorno de Depressão do Idoso; 33% Transtornos de An-siedade; 33% sofriam Traumas relacionados com estressores; 21,4% Transtorno de Déficit de Atenção; 12% Transtorno Obsessi-vo Compulsivo; 7% Transtorno de Personalidade Esquizotípica e 21% Transtorno do Espectro Autistam; comprovou-se também que 5% dos participantes desenvolveu dependência química a subs-tâncias.

Cabe ressaltar que as somas dos diagnósticos anteriores excedem 100% pois não são exclusivas, podendo a mesma pessoa apresen-tar, por exemplo, Transtorno de Depressão do Idoso e Transtorno de Ansiedade.

Do total, 42% dos participantes surdos ou com dificuldades audi-tivas apresentaram mais de uma psicopatologia.

Com relação à avaliação das escalas e questionários, obteve-se que a autoestima e o nível de energia podem prever a presença de patologias associadas à emoção.

Umas das limitações era quanto à exposição dos resultados, pois não fazia distinção entre os que eram surdos e os que tinham difi-culdades de audição.

Se esperaria que quanto maiores as dificuldades auditivas, maio-res os problemas psicológicos, mas ao não fazer essa distinção, não se pôde concluir a esse respeito.

Não foram levados em consideração critérios de integração que pudessem afetar o estado de ânimo do participante. Esperava-se que as pessoas surdas integradas tivessem menores problemas psicológicos que as não integradas, entretanto, também não se pôde comprovar esse aspecto.

Apesar das limitações do estudo, foi possível comprovar como esse grupo é especialmente propenso a sofrer de problemas psi-cológicos, sobretudo os relacionados ao estado de ânimo.

Considerando que os centros especializados de tratamento dos problemas de audição, e os centros de integração, são onde se conhecem alguns dos sintomas principais dessas psicopatologias, para, quando as detectassem, encaminhar os membros ao profis-sional de saúde,

Da mesma forma, se esperaria que fossem elaborados programas de prevenção nesse grupo, para que pudessem ter uma melhor qualidade de vida, sem complicações psicopatológicas.

Deve-se considerar que, apesar dessas capacidades cognitivas terem se apresentado de forma separada, produz-se uma inter-dependência entre elas.

49

Capítulo 3. Alterações das funções cognitivas e avaliação.

Como foi afirmado no ponto anterior, os processos psicológicos estão distribuídos ao longo do cérebro e implicam a deslocaliza-ção dos mesmos. Embora existam certas áreas que desempe-nham um papel notável e sem as quais há um "dano" nessa fun-ção.

Essas alterações nas funções cognitivas podem ser provenientes tanto de um desenvolvimento maturacional inadequado do cére-bro, que impede que tal capacidade atinja toda o seu potencial, como de uma perda posterior.

Essa perda pode ocorrer de forma progressiva, como por exemplo na velhice, ou devido a uma doença, como a de Alzheimer, ou ainda, de forma instantânea, como no caso de um traumatismo cranioencefálico.

Em todos os casos deve ser avaliada a função cognitiva suspeita de estar afetada, para determinar se está efetivamente danifica-da ou não, e em função do resultado estabelecer o tratamento oportuno.

- A alteração da inteligência:

Um estudo recente analisa as diferenças entre as habilidades so-ciais existentes em pequenos com autismo, e que também têm síndrome de Down.

Um dos problemas mais importantes para pediatras e pais é sa-ber reconhecer se a criança está tendo um desenvolvimento normal ou não, em comparação com crianças de sua idade.

Podem ser muitas as circunstâncias que causam deficiências no desenvolvimento da criança, algumas das quais parecem se re-solver por conta própria à medida que a criança cresce, e outras que requerem intervenção do especialista tanto para o diagnósti-co como para o tratamento.

Quando, além da presença de deficiências, seja no desenvolvi-mento das habilidades motoras, intelectuais ou de comunicação, estão acompanhadas de certos traços físicos característicos, po-dem indicar que estão diante de uma criança com síndrome de Down, diagnóstico que, além de suas características notáveis, po-de ser rapidamente diagnosticado pela presença de uma altera-ção genética no par 21, onde possui um cromossomo extra, por-tanto, também é chamado de trissomia 21.

Mas sofrer desse tipo de alteração cromossômica, com todas suas consequências físicas e de desenvolvimento, não impede outras alterações e transtornos, seja de desenvolvimento ou de outro tipo, na mesma porcentagem que a população.

A dificuldade reside justamente em saber distinguir

que sintoma-tologia corresponde à síndrome de Down e quais a outro trans-torno, sobretudo quando esse é de desenvolvimento, onde sua característica principal é precisamente uma desaceleração no progresso das habilidades de controle da motricidade fina, de lin-guagem, das capacidades cognoscitivas, ou do controle das pou-cas emoções, tomando-se como ponto de comparação as crian-ças da mesma idade. Mas, podem apresentar-se na mesma cri-ança o autismo e a síndrome de Down?

Isso é justamente o que está sendo estudado no Hospital Alto De-ba, Hospital Donostia e a Fundação CITA-Alzheimer Fundazioa (Espanha). cujos resultados foram publicados na revista científica Journal of Neurodevelopmental Disorders.

Como foi comentado na introdução, a dificuldade de detectar a presença de ambos transtornos ao mesmo tempo, se apoia na necessidade de saber distinguir a qual dos dois se correspondem os sintomas que mostram as crianças.

Nesse caso da síndrome de Down, pode ser que alguém exiba, além de seus traços típicos, certo atraso no desenvolvimento so-cial e de linguagem, o que pode passar totalmente despercebido, porque mostra atrasos em outras habilidades também, e que também pode estar encobrindo o sofrimento de um Transtorno do Espectro Autista.

Tal é a dificuldade desse segundo diagnóstico, que os

autores do estudo afirmam que não existe atualmente estatística sobre a presença de ambos transtornos do desenvolvimento apresentados ao mesmo tempo, embora tenham desenvolvido um estudo para tentar distinguir os sintomas. de um ou outro.

Participaram do estudo 46 pessoas entre 10 e 21 anos, 26 mulhe-res e 20 homens, todos eles diagnosticados com Trissomia 21, ou seja, síndrome de Down e especificamente foram escolhidos aqueles que não foram diagnosticados com Transtorno do Espec-tro Autista.

Todos receberam uma série de questionários, como a escala de receptividade social denominada Social Responsiveness Scale (SRS), onde os cuidadores avaliam o nível de envolvimento social das crianças; também o questionário de desenvolvimento social chamado Social Communication Questionnaire-Lifetime (SCQ). Para o desempenho social por meio da linguagem não verbal, foi utilizada a Escala Internacional de Execução Leiter, denominada Leiter International Performance Scale-Revised (Leiter-R), e tam-bém um teste de vocabulário chamado Peabody Picture Vocabu-lary Test, Quarta Edição (PPVT-4).

O fato de submeter um teste de Transtorno do Espectro Autista a alguém que não o possui permite saber quais itens e escalas do teste serão mostrados na população com diagnóstico de síndrome de Down e quais não.

São justamente esses segundos que permitirão estabelecer um diagnóstico nos novos casos, uma vez que, se apresentado, tam-bém pode se dizer que sofre de um Transtorno do Espectro Autis-ta.

Os resultados mais destacados mostram resultados significativos em duas subescalas da SRS, em particular no que diz respeito à cognição social e maneirismos, sendo que este segundo são mo-vimentos repetitivos, como o balanceamento; segundo os autores, esses são os sintomas mais importantes a serem considerados no hora de avaliar a presença de Transtorno do Espectro Autista em crianças com síndrome de Down.

No estudo há um pequeno número de participantes e foi conside-rada uma ampla faixa etária, o que exige uma nova investigação com mais pessoas, antes que uma conclusão válida possa ser al-cançada.

Da mesma forma, a idade mínima dos participantes de 10 anos faz com que não se possa empregá-lo como ferramenta de diag-nóstico útil do Transtorno do Espectro Autista, uma vez que quan-to mais cedo isso for detectado, mais cedo será possível intervir.

- A alteração da linguagem:
Quando se fala na doença de Alzheimer, se pensa nos

problemas de memória, mas esses não são os únicos sintomas que surgem durante as etapas iniciais da doença e que precisam ser igual-mente tratados.

Embora os primeiros sintomas do Alzheimer costumam ser con-fundidos com os causados pela passagem do tempo, sobretudo quando estes aparecem em idade avançada, existem ferramentas especialmente projetadas para a detecção dessa sintomatologia, tanto mediante registro observacional de sintomatologia externa, como em tarefas de execução.

Todos esses dados são comparados com os resultados populacio-nais prévios, ou seja, com a população "normal", para comprovar se a pessoa apresenta sintomas próprios de sua idade, ou se são devidos a outros fatores a serem explorados mais em profundida-de.

Uma análise mais detalhada permite corroborar ou descartar o diagnóstico da doença de Alzheimer.

O problema é que os sintomas provocados pela doença nos está-gios iniciais são tão leves que dificilmente causam desconforto no paciente ou "queixas" em seus familiares, de modo que raramen-te vão à clínica para serem revistos pelo especialista.

Entre essa sintomatologia estão os relacionadas à fala, cujas ca-racterísticas afetadas pela doença de Alzheimer são: manutenção deficiente do tema da conversa, com uso de dados muito superfi-ciais e sem detalhes; erros contínuos quando são usadas referên-cias do passado, com interrupções no fio condutor; repetições, circunlocuções (dizer muitas coisas em torno de uma ideia prin-cipal) e retificações no discurso.

Essa sintomatologia, embora não seja exclusiva dos pacientes com doença de Alzheimer, irá influir na qualidade de suas rela-ções, ao não permitir manter um nível de comunicação adequa-do, fazendo com que, em alguns casos, seus interlocutores per-cam o interesse por falar com alguém que não é capaz de res-ponder adequadamente, o que facilita e favorece dessa forma o isolamento do paciente. Mas, esses primeiros sintomas do Al-zheimer podem ser melhorados?

Isso é o que tem sido pesquisado em conjunto pelas Universida-des de Nebraska Omaha e South Alabama (EUA), cujos resultados foram publicados na revista científica Journal of Alzheimer's Di-sease.

Participaram do estudo cinco adultos, que sofriam com a doença de Alzheimer há mais de cinco anos, com uma pontuação entre 5 e 6 na Escala de Deterioração Clínica Global, Global Deterioration Scale (GDS); todos mostraram dificuldades no discurso de acordo com os resultados obtidos com a prova padronizada denominada Arizona Battery for Communication Disorders of Dementia

(ABCD).

A intervenção foi realizada mediante sessões de 20 minutos em um contexto de conversação, de forma que:

- Foram destacadas as ideias relevantes da conversa

- Realizou-se perguntas de sim/não para reestruturar as orações

- Foi indicada a informação que faltava, ao mesmo tempo que se destacava a ideia principal da conversa.

- A indicação de palavras ou frases que não correspondem no con-texto para sua eliminação

Tudo destacado pela linguagem gestual.

Os resultados comparados entre os dados de coerência obtidos mediante o Glosser and Deser e o healthy elderly (HE), antes e depois da intervenção, mostram notáveis melhorias quanto ao discurso, tanto em qualidade como em fluência.

O projeto, apesar de obter resultados significativos, carece de um grupo de controle de comparação, já que as avaliações pré e pós podem ser afetadas por uma variável não controlada, como a atenção própria do experimento; sem ter um grupo de controle, portanto, é difícil dar os resultados como válidos.

No estudo se emprega um número escasso de participantes, de modo que as conclusões, apesar de parecerem claras, devem ser corroboradas por novas pesquisas, onde se inclua um maior nú-mero de pessoas.

Da mesma forma, deve-se levar em conta que é uma intervenção para aliviar os sintomas causados pela doença de Alzheimer, e não uma tentativa de buscar algum tipo de cura, ou seja, somen-te essa intervenção não interromperá o progresso da doença, exi-gindo o uso conjunto de outras intervenções, incluindo a psico-farmacologia.

Apesar do exposto, uma intervenção tão simples quanto a descri-ta acima pode ajudar (e muito) a corrigir os primeiros sintomas da doença de Alzheimer, oferecendo assim uma qualidade de vida mais longa ao paciente, permitindo que ele mantenha um nível normal de comunicação com seus familiares e amigos. .

Técnicas que são muito similares às empregadas em crianças com atraso no desenvolvimento, como no caso do Autismo, algo que vem sendo usado há anos com resultados muito bons.

Superadas as limitações mencionadas no estudo, pode-se estabe-lecer um projeto de intervenção pequeno e simples, que pode ser aprendido pelos familiares nos centros de reabilitação, para que possam aplicá-lo em suas próprias casas com o paciente e, assim, otimizar a intervenção.

- A alteração da memória:

Muitas são as consequências de sofrer um Transtorno do Espectro Autista, embora a principal seja a capacidade de comunicação.

O Transtorno do Espectro Autista é um transtorno do desenvolvi-mento que impede que a criança vá adquirindo as capacidades e as habilidades próprias de sua idade, provocando um atraso no desenvolvimento com respeito a seus semelhantes.

Atraso que se mantém ao longo do tempo, inclusive na idade adulta, se não forem realizadas intervenções corretivas oportu-nas.

O foco principal da pesquisa tem sido a infância, como um mo-mento crítico para detectar os primeiros sintomas de TEA, bem como para projetar e implementar programas de intervenção que visam fortalecer o desenvolvimento das habilidades de comuni-cação e, assim, corrigir as deficiências que podem apresentar.

Apesar disso, segue-se pesquisando para tentar entender como esse distúrbio afetará o resto da vida do paciente.

Como afirmado anteriormente, espera-se que, se há algo que não tenha sido desenvolvido adequadamente durante a infância, seja a capacidade comunicativa ou outra, seria esperado observar es-ses mesmos problemas durante a idade adulta. Então, a memória é afetada em pacientes adultos com autismo?

Isso é o que justamente tentam descobrir na Universidade de Londres, cujos resultados acabam de ser publicados na revista Autism Research.

Participaram do estudo trinta e seis pessoas, sendo 9 mulheres e 27 homens, entre 20 a 62 anos. A metade deles tinham o diag-nóstico de Transtorno do Espectro Autista, atuando o restante como grupo de controle, com um desenvolvimento "normal".

Todos os participantes tiveram de passar por uma avaliação do desenvolvimento verbal através dos testes padronizados Verbal IQ (VIQ), Performance IQ (PIQ) e Full-scale IQ (FIQ); e um teste de inteligência, mediante o Wechsler Adult Intelligence Scale (WAIS-III).

O grupo dos pacientes com Transtorno do Espectro Autista, além disso, foram reavaliados com o Autism Diagnostic Observation Schedule (ADOS).

Todos os participantes foram submetidos a testes através do com-putador, onde lhes eram apresentados estímulos, e eles deviam responder de acordo com a instrução de cada teste.

Os resultados mostram uma pior execução entre os participantes com Transtorno do Espectro Autista, se comparado com o grupo de controle, em todos os testes de memória realizados.

Da mesma forma, observa-se uma diminuição progressiva do de-sempenho nos testes de memória do grupo de controle à medida que avança a idade dos participantes, sendo este cada vez pior. Evolução que não é encontrada no grupo de pessoas com diag-nóstico de Transtorno do Espectro Autista.

Há uma comparação dos resultados do grupo de controle em ida-des avançadas, com os resultados dos participantes com Trans-torno do Espectro Autista

Com essas informações, podem ser desenvolvidos programas de intervenção no reforço de estratégias de memória, inclusive em adultos com Transtorno do Espectro Autista, uma vez que as defi-ciências, se não corrigidas, continuarão com o tempo.

Apesar dos resultados evidentes, deve-se considerar que foram obtidos de um ambiente "artificial", como é um laboratório com-portamental, onde são provadas as capacidades de memória em circunstâncias muito concretas, sabendo que na vida "normal", utilizam-se muito mais senhas, por exemplo, através das anota-ções em cadernos ou graças aos telefones inteligentes, que po-dem ajudar a compensar as deficiências de memória, podendo desenvolver uma vida como os demais.

Deve-se notar também que há uma grande desproporção quanto ao número de mulheres que participaram do estudo, de modo que seriam necessárias novas pesquisas que contemplassem a análise das diferenças de gênero, antes de concluir sobre esta questão.

- A alteração da atenção:

Uma das maiores preocupações dos pais com filhos com TDAH é saber se isso os marcará no futuro.

Surgem muitas dúvidas, não apenas sobre o tratamento que de-vem seguir, mas também sobre as sequelas ou consequências fu-turas, se houver.

A literatura mostra que adultos com TDAH são mais propensos a sofrer de depressão ou ansiedade, com deficiências nas relações sociais de qualidade, saúde e até na autoestima. Fenômenos que ainda não são totalmente compreendidos, por isso a importância de continuar se estudando a respeito.

Da mesma forma se mostram como disfunções presentes durante os primeiros anos e inclusive na infância, e desaparecem com o tempo, graças ao processo maturacional do cérebro, que lhe permite corrigir algumas deficiências existentes.

Um dos fenômenos mais conhecidos em relação aos cuidados é a facilitação e a supressão:

- Com a chave correta, há uma redução no tempo de resposta, uma vez que o cérebro pode antecipar corretamente a resposta, ocorrendo a facilitação.

- Com a chave incorreta, produz-se um aumento no tempo de resposta, uma vez que o cérebro antecipa uma solução não corre-ta que deve retificar, levando mais tempo nesse processo, dando lugar à supressão. Mas, o que acontecerá com adultos com TDAH?? Serão tratados com as mesmas chaves de atenção?

Para responder a essa pergunta, o Hampshire College (EUA) reali-zou um estudo onde analisa as consequências sobre o atendimen-to à adultos com TDAH.

Participaram do estudo 25 adultos com diagnóstico de TDAH, em comparação com outros 25 sem nenhuma psicopatologia, que atuavam como grupo de controle.

Para evitar os efeitos dos medicamentos que os adultos com TDAH pudessem estar tomando, eles só foram testados após pelo menos 18 horas da administração dos mesmos, descartando as-sim quaisquer efeitos por parte do medicamento que pudessem favorecer ou interferir no resultado.

O experimento consistia em responder a uma tarefa atencional onde eram apresentadas flechas na tela, indicando onde aparece-ria o estímulo a ser apontado o mais rápido possível, com a pos-sibilidade de que aparecesse também um elemento de distração ou sinal que não devia responder. Ao mesmo tempo que realiza-vam a tarefa, era registrada sua atividade cerebral

Os dados informam de uma execução "normal" em ambos os grupos, tanto na facilitação como na supressão, em tarefas aten-cionais, tanto na execução como na atividade elétrica do cérebro.

Algo que foi observado em crianças com TDAH, que havia um dé-ficit de atenção.

Tudo isso apoia a ideia de que o processo maturacional, pelo me-nos em algumas tarefas, parece desempenhar um forte papel corretivo, não deixando sequelas na vida do adulto.

- A alteração da emoção:

Às vezes, as doenças são mais conhecidas devido às consequên-cias em seus estágios avançados, como é o caso da doença de Parkinson.

Como o Parkinson é uma doença neurodegenerativa ao longo do tempo, os efeitos pioram gradualmente, avançando desde os pri-meiros sintomas do Estádio I, com leves movimentos em apenas uma parte do corpo, arrastando um pouco os pés, começando a aparecer os primeiros sintomas de rigidez. No Estádio II a pessoa começa a se inclinar para a frente, começa a ocorrer alteração do equilíbrio e dificuldades para iniciar movimentos (bradicine-sia). Nas fases III e IV os sintomas se complicam, dificultando o equilíbrio e o andar. Até chegar à última fase do Estádio V, onde a dependência é máxima, necessitando uma terceira pessoa para realizar qualquer atividade da vida cotidiana, passando a pessoa boa parte do seu tempo sentada ou deitada, devido aos seus tre-mores constantes.

À medida que a doença avança, as opções de tratamento do Par-kinson se reduzem, começando pelo tratamento farmacológico e reabilitador, até o cirúrgico. Entre esses últimos, podemos distin-guir entre os reversíveis, como a estimulação cerebral profunda, e os irreversíveis, que incluem cirurgias nas quais se intervém em certas partes do cérebro.

Com relação às intervenções cirúrgicas, a palidotomia é a mais comum, onde se realiza uma incisão no globo pálido do cérebro, intervenção que por outro lado se observou que têm consequên-cias emocionais nos pacientes operados. Assim, a intervenção cirúrgica no cérebro do paciente com Parkinson acarreta mudan-ças emocionais?

Isso é justamente o que está sendo averiguado por uma pesquisa recente do Hospital de Santa Maria (Portugal), publicada recen-temente na revista científica Parkinsonism & Related Disorders.

Participaram do estudo 30 pacientes, nos quais foi realizada uma intervenção cirúrgica para tratar as fases avançadas do Parkin-son.

Com todos eles foi realizado um estudo antes e um acompanha-mento de um ano depois da intervenção, em que tinham que res-ponder a um questionário padronizado para detecção de emo-ções denominado Comprehensive Affect Testing System (CATS), onde eram avaliadas 7 emoções básicas em tarefas de reconhe-cimento de rosto e 4 sobre a linguagem (prosódia). Os resultados mostram que não existem mudanças significativas entre os dados obtidos antes e depois da intervenção cirúrgica.

Apesar disso, sintomatologia de apatia ou depressão foram ob-servados em 6 dos participantes antes da intervenção e, em se-guida, o número aumentou para 14, após um ano de intervenção. O que sem dúvida deve ser objeto de estudo é o porquê em um ano o número de pessoas com sintomas depressivos dobrou, e se isso corresponde a uma evolução "normal" da doença ou é o pro-duto da intervenção cirúrgica.

Como deficiências do estudo, deve-se destacar que não foi reali-zado nenhum grupo de controle para comparar a evolução da do-ença ao longo do tempo, e tampouco uma avaliação exaustiva do estado de ânimo do paciente, nem antes nem depois da interven-ção cirúrgica.

Devido às limitações do estudo, não se pode generalizar os resul-tados até que seja ampliado o número de participantes, incluído um grupo de controle e analisada a evolução do estado de ânimo dos pacientes participantes, que tenham sido submetidos a uma intervenção cirúrgica como medida de enfrentar a fase mais avançada da doença de Parkinson.

- A alteração da percepção:

Uma das maiores dificuldades das crianças com autismo é a inte-gração social. Mas, existe relação entre sofrer de surdez e autis-mo?

Um pergunta que está intimamente relacionada às habilidades sociais e de integração da criança, uma vez que se ela sofre de surdez, dificilmente poderá entender adequadamente o que di-zem os demais e portanto não poderá oferecer uma resposta.

Isso tem motivado os pesquisadores a tentar resolver os proble-mas associados a esse transtorno, visando melhorar a qualidade de vida da criança.

Os problemas auditivos que têm importantes implicações no de-senvolvimento de qualquer criança, e que quando se detecta ra-pidamente se pode dar a solução, no caso concreto das crianças com Transtorno do Espectro Autista, pode chegar a passar "des-percebido", devido ao fato de que há "maiores problemas" dos quais se preocupar.

Embora se pergunte a muitos pais e inclusive a alguns

especialis-tas, o que eles geralmente sabem a respeito é exatamente o oposto, ou seja, uma das características do Transtorno do Espec-tro do Autismo é sua hipersensibilidade, às vezes ao contato, ao sabor e até ao som.

Não sabe reagir adequadamente e sente-se irritado por aqueles sons inesperados, repetitivos ou barulhentos, vindo eles de um despertador, uma lavadora ou a sirene de uma ambulância. Mas, existe relação entre sofrer de surdez e autismo?

Isso é o que tentam descobrir com uma pesquisa realizada pelo Department of Hearing and Speech Sciences, Faculty of Allied Health Sciences, Health Sciences Center, na Universidade do Ku-wait, cujos resultados têm sido publicados na revista científica Communication Disorders, Deaf Studies & Hearing Aids.

Participaram do estudo 22 crianças, todos meninos diagnostica-dos com o Transtorno do Espectro Autista, com idades entre sete e quinze anos.

A todos eles foram passados dois testes auditivos, o Transient Otoacoustic Emissions (T.OA.Es.), para avaliar a integridade da cóclea e das células ciliadas; e a timpanometria, que serve para avaliar o ouvido médio.

Os resultados mostram que 17 crianças do total, ou seja, 77% de-las mostram uma audição reduzida.

O fato de não haver incluído no estudo um grupo de meninas faz com que não se possa conhecer se existem diferenças entre a re-lação surdez-autismo em função do gênero.

Uma das limitações do estudo é o escasso número de participan-tes, o que faz com que a relação encontrada entre a surdez e o autismo não possa ser extrapolada à população, até que seja ob-servada em novas pesquisas.

Ao não aplicar os métodos tradicionais de medida de problemas de audição baseados na resposta comportamental da pessoa, não se pode concluir se esses novos métodos são mais sensíveis e efi-cazes ou não.

Deve-se destacar que o estudo se concentrou em um problema pouco abordado, uma vez que os pais geralmente atribuem a fal-ta de "atenção auditiva" às características do Transtorno do Es-pectro do Autismo, e não a um problema independente como tal.

Se novas pesquisas oferecem informação similar com um índice tão elevado como é o 77% de relação entre surdez e autismo, se-rá necessário considerar testes auditivos para todas as crianças com Transtorno do Espectro Autista.

Em todo caso, e como indica o autor do estudo, as famílias que têm alguma suspeita a respeito, devem buscar o otorrinolaringo-logista para descartar que seus filhos possa sofrer de problemas auditivos como surdez, o que sem dúvida é um problema relacio-nado ao transtorno do desenvolvimento que tem.

Sendo importante a detecção precoce, para assim aumentar as possibilidades de melhora na intervenção da criança.

Aspecto que, com os avanços atuais, pode ser facilmente corrigi-do, seja mediante o uso de reforço, com atividades auditivas, ou, inclusive, com o emprego de dispositivos.

Para a avaliação das funções cognitivas foram projetados testes padronizados, os quais citamos:

- BRIEF-P. Avaliação Comportamental da Função Executiva - Ver-são Infantil

Avaliação das funções executivas por parte de pais e professores em crianças de 2 a 5 anos.

- CSAT-R. Tarefa de Atenção Sustentada na Infância - Revisada

Avaliação da atenção sustentada mediante uma tarefa de vigi-lância tipo CPT.

- REGIA. Reabilitação Grupal Intensiva da Afasia

Programa para o tratamento da afasia.

- SCIP-S. Screening da Deterioração Cognitiva em Psiquiatria

Teste curto destinado a avaliar a presença de déficits cognitivos que os adultos com algum tipo de alteração psiquiátrica frequen-temente apresentam: memória, atenção, funções executivas e velocidade de processamento.

- SENA. Sistema de Avaliação de Crianças e Adolescentes

Avaliação dos principais problemas emocionais e de comporta-mento de crianças e adolescentes.

- CUMANES. Questionário de Maturidade Neuropsicológica para Escolares

Avaliação global do desenvolvimento neuropsicológico e do ren-dimento cognitivo em crianças.

- CUMANIN. Questionário de Maturidade Neuropsicológica Infan-til

Sistema integrado para a exploração do nível de maturidade neu-ropsicológica para crianças em idade pré-escolar, avaliando as quatro funções mentais básicas: Linguagem, Memória, Motrici-dade e Sensorial mediante 13 escalas.

- ENFEN. Avaliação Neuropsicológica das Funções Executivas em Crianças

Avaliação do nível de maturidade e do rendimento cognitivo em atividades relacionadas com as Funções Executivas em crianças.

- LURIA-DNA. Diagnóstico Neuropsicológico de Adultos

Exame neuropsicológico dos processos corticais superiores (Lin-guagem, Memória, Atenção e Funções visoespaciais) e seus trans-tornos, seguindo o modelo de Luria.

- LURIA-INICIAL. Avaliação Neuropsicológica na Idade Pré-escolar

Avaliação do funcionamento executivo e linguístico, da velocida-de de processamento e da memória imediata em crianças pe-quenas, seguindo o modelo de Luria.

- MMSE. Exame Cognoscitivo Mini-Mental

Adaptação espanhola de uma das provas clínicas mais reconheci-das e utilizadas para avaliação das funções cognitivas e do estado mental em adultos.

- ANILLAS. Teste para a Avaliação das Funções

Executivas

Avaliação do funcionamento executivo em adultos mediante a capacidade de planificação.

- CAMDEX-R. Teste de Exploração Cambridge Revisado para a Avaliação dos Transtornos Mentais na Velhice

Diagnóstico clínico preciso das formas mais frequentes de de-mência, assim como outros transtornos mentais frequentes na velhice.

- FDT. Teste dos Cinco Dígitos

Avaliação da velocidade de processamento cognitivo e de aspec-tos específicos da atenção e das funções executivas, como o con-trole atencional, a alternância e a resistência à interferência.

- MFF-20. Teste de Emparelhamento de Figuras Conhecidas

Avaliação do estilo cognitivo reflexivo ou impulsivo que mostram as crianças diante de tarefas ambíguas.

- SDMT. Teste de Símbolos e Dígitos

Detecção rápida de disfunções cognitivas em crianças e adultos mediante uma tarefa clássica de substituição de símbolos por dí-gitos. É um dos testes de referência para a avaliação dos sintomas cognitivos na esclerose múltipla.

- STROOP. Teste de Cores e Palavras

Um dos testes mais utilizados para a detecção de problemas neu-ropsicológicos, danos cerebrais e avaliação da interferência.

- WCST. Teste de Classificação de Cartões de Wisconsin

Avaliação neuropsicológica de vários componentes das funções executivas, como o raciocínio abstrato, a formação de categorias, a solução de problemas e a perseverança.

- BENDER. Teste Gestáltico Visomotor

Exploração do nível de maturação das crianças e adultos deficien-tes, da perda de função e defeitos cerebrais orgânicos em adultos e crianças, assim como dos desvios de personalidade, em especi-al fenômenos de regressão.

- BRIEF-2. Avaliação Comportamental da Função Executiva

Teste de referência para a avaliação das funções executivas por parte de pais e professores.

- CAMDEX-DS. Teste de Exploração Cambridge para a Avaliação dos Transtornos Mentais em Adultos com Síndrome de Down ou com Deficiência Intelectual.

Avaliação das formas mais frequentes de demência, assim como de outros transtornos mentais e físicos presentes em pessoas adultas com Síndrome de Down ou com outro tipo de deficiência intelectual.

- FROSTIG. Teste de Desenvolvimento da Percepção Visual

Teste para a avaliação de atrasos na maturidade perceptiva de crianças com dificuldades de aprendizagem. Avalia os seguintes aspectos da percepção visual: Coordenação visomotora, Discrimi-nação figura-fundo, Constância de forma, Posições no espaço e Relações espaciais.

- HARRIS. Teste de Dominância Lateral

Avaliação do padrão de dominância lateral da mão, do pé e do olho, aspecto muito relevante nas dificuldades de leitura e escri-ta.

-HPL. Testes de Homogeneidade e Preferência Lateral.

Avaliação da homogeneidade e da dominância lateral da mão, o olho e o pé. Muito útil para examinar pessoas com distúrbios na linguagem oral ou escrita, nas habilidades motoras ou na orienta-ção espacial.

- PORTEUS. Teste de Labirintos

Avalia a aptidão para formar e executar um plano de trabalho, um dos componentes das funções executivas e que está relacio-nada com a adaptação social.

- REY Teste de Cópia de uma Figura Complexa

Teste clássico de grande utilidade e muito usado em neuropsico-logia para a avaliação da capacidade visuoperceptiva e visomoto-ra e da memória visoespacial.

- TESEN. Teste das Trilhas para a Avaliação das Funções Executi-vas

Avaliação do funcionamento executivo de jovens e adultos medi-ante a realização de uma tarefa de planejamento, que consiste em uma atividade visomotora (Trail Making Test)

- TIDA. Teste de Identificação de Daltonismos

Detecção e diagnóstico de anomalias na visão das cores, como o daltonismo, a cegueira cromática e a acromatopsia

- TRVB. Teste de Retenção Visual de Benton

Exame da percepção visual e as atividades visuoconstrutivas. Di-agnóstico de anomalias na área da patologia cerebral e avaliação do nível pré-mórbido da inteligência afetada por algum defeito orgânico.

Deve-se considerar que essa avaliação geralmente é acompanha-da de testes de neuroimagem, especialmente quando a condição é devida a um dano cerebral adquirido, onde podem ser observa-das regiões ou áreas afetadas.

Dano cerebral que podem ser proveniente tanto de um trauma-tismo cranioencefálico, acidentes vasculares cerebrais (ictus) ou tumores cerebrais, entre outros.

Da mesma forma, essas técnicas de neuroimagem permitirão ve-rificar até que ponto as funções treinadas estão suprindo as defi-ciências apresentadas em avaliações anteriores e, assim, verificar o sucesso da intervenção.

Capítulo 4. Técnicas de intervenção nos processos psicológicos

São muitas as aplicações da neuropsicologia, seja no âmbito es-tritamente clínico, seja em outros, como o educativo. Portanto, a neuropsicologia agora nos permite saber "quem vale a pena es-tudar", e prevenir quando são encontradas deficiências logo cedo, para poder intervir.

Todos nós gostaríamos que nosso filho fosse presidente de um pa-ís ou de uma empresa, astronauta ou médico, ou seja, que che-gasse o mais longe que pudesse em sua carreira profissional, ou talvez pelo menos o que não conseguimos conquistar, ou talvez o mesmo que somos e alcançamos. Mas, o quanto disso é real?

Apesar do que queremos, a criança passa por diferentes fases na sua vida, e em algumas delas podemos influenciar de forma de-cisiva, sobretudo quando são pequenos, levando-os a instituições particulares, motivando e incentivando naquilo que acreditamos ser "o melhor para o seu futuro". Mas, à medida que a criança vai crescendo, nossa capacidade de influência vai diminuindo a favor da sua própria opinião ou a de seus amigos, o que será decisivo, sobretudo na hora de escolher uma carreira e com isso direcionar a sua vida profissional futura. Mas, isso garante que ela tenha su-cesso no futuro?

Há muitos anos, alguns países vêm desenvolvendo políticas de screening populacional, através do qual são administrados a todos os menores uma série de questionários validados, para "detectar" aqueles que têm maiores potencialidades para um campo ou ou-tro, e com isso poder oferecer uma melhor orientação; os antecedentes disso encontramos nos clássicos questionários de inteli-gência

Uma detecção precoce e uma orientação correta, seja por parte das instituições públicas ou pelos pais, permitirão conhecer em que a criança pode ser melhor, o que pode ser melhor para ela, embora a decisão no final sempre recairá sobre si mesma, uma vez que será ela quem terá que se esforçar para alcançar objeti-vos futuros. Mas, o que determina o desempenho nos diferentes testes? É possível prever com antecedência o futuro profissional das crianças?

Com esse histórico, um grupo do Instituto Karolinska (Suécia) rea-lizou um estudo publicado na revista científica The Journal of Neuroscience, no qual tratou de dar resposta às questões anterio-res observando um único índice, a memória de trabalho, que é a capacidade de reter e gerenciar informações a curto prazo.

A memória de trabalho tem demonstrado ser um bom preditor de melhor rendimento ao longo do tempo, tanto em matemática como em leitura. Dessa forma, uma criança com capacidade li-mitada de memória de trabalho irá apresentar dificuldades futu-ras. Isso tem sido objeto de estudo desse grupo de trabalho, que emprega para sua avaliação a técnica de ressonância magnética funcional, com o objetivo de estabelecer um método eficaz para identificar de forma precoce crianças com risco de sofrer limita-ção em seu desenvolvimento cognitivo.

Foram incluídos no estudo 232 participantes entre 6 e 20 anos de idade, excluídos os participantes com transtorno de déficit de atenção ou dislexia, para os quais foi utilizada uma técnica de medida neuropsicológica adaptada a cada idade. Realizou-se um teste de memória de trabalho, que não pode ser avaliada direta-mente, mas sim através de seus efeitos na execução de alguma tarefa. Além disso, foram empregadas as matrizes progressivas de Raven para mediar a capacidade de raciocínio.

Os mesmos participantes tiveram que passar por esses testes dois anos depois, para avaliar a consistência das medidas, ou a mu-dança destas ao longo do tempo.

Os resultados mostram duas estruturas que estão envolvidas em uma melhor previsão do desempenho nas tarefas de memória de trabalho e, com isso, de um melhor desenvolvimento acadêmico e profissional no futuro; essas estruturas foram o tálamo e os nú-cleos caudados.

Portanto, os autores entendem que com isso é possível

empregar a ressonância magnética como ferramenta de avaliação, para po-der detectar de forma precoce uma melhor ativação das estrutu-ras anteriormente indicadas, que seriam sinais de que é necessá-rio intervir nessas crianças, uma vez que, se não for feito, pode comprometer seu desenvolvimento cognitivo, e com isso, seu fu-turo acadêmico e profissional.

A intervenção nos processos psicológicos dependerá de muitos fatores:

- A idade do paciente, sabendo que quanto mais jovem, maior a probabilidade de desenvolver esses processos psicológicos preju-dicados.

- O número de processos afetados, pois tratar um único problema é diferente de que um paciente tenha vários processos psicológi-cos.

- A gravidade da condição; se é leve, a intervenção será mais rá-pida e bem-sucedida

- O tempo transcorrido entre quando se produz "o problema" e quando começa a intervenção, sabendo que quanto mais tempo decorre entre ambos, mais se reduzem as possibilidades de su-cesso.

É necessário considerar que a intervenção deve sempre ser reali-zada por pessoal especializado e, se possível, em um centro que possua o equipamento adequado.

Existem dois tipos de intervenção, de acordo com o objetivo per-seguido:

- Estimulação neuropsicológica, que se refere à intervenção para desenvolver capacidades e habilidades não presentes no paciente e que, devido à idade, devem estar desenvolvidas.

Principalmente, essa intervenção é realizada em crianças com atrasos cognitivos no desenvolvimento.

- A reabilitação neuropsicológica, xxxx

Deve-se considerar que os atrasos cognitivos costumam ser acompanhados também, em alguns casos, de outros atrasos ma-turacionais, como no caso do movimento, como pode ser visto a seguir, no caso do Transtorno do Espectro Autista:

Como vemos, a intervenção na infância é fundamental, uma vez que as conquistas nessa etapa determinarão em boa medida a futura qualidade de vida da criança.

Deve-se considerar que nessa fase da infância é onde as crianças têm mais facilidade para adquirir novas competências e desen-volvimento cognitivo, pelo fato de que o cérebro ainda não con-cluiu seu processo maturacional, e portanto, é mais dúctil às in-tervenções neuropsicológicas.

O desenvolvimento da linguagem infantil tem sido um dos temas mais estudados na Psicologia Evolutiva, com vistas a tentar me-lhorá-lo.

Aspecto que é fundamental, se considerarmos que algumas cri-anças apresentam problemas no desenvolvimento da linguagem, por isso a importância de estudá-lo e analisá-lo, além de procurar estabelecer programas de treinamento e aprimoramento para quem apresente atraso, em comparação com outras crianças da mesma idade.

Uma das primeiras dificuldades que a criança tem de enfrentar no período de desenvolvimento da linguagem é saber determinar as partículas do mesmo, ou seja, distinguir as palavras como sons soltos, dentro de um diálogo contínuo.

Essa mesma dificuldade é mostrada pelos adultos quando tentam aprender um novo idioma, e o ouvem repetidamente, mas não conseguem saber quando uma palavra termina e outra começa, já que em um discurso normal, vamos unindo-as e parece que todas seguem o mesmo trem discursivo, com quase nenhuma in-terrupção.

É só lembrar a primeira vez que ouvimos um idioma, seja chinês, alemão ou outro. O sentimento é de não saber não só o que está sendo dito em termos de conteúdo, mas também em termos das palavras que o contêm.

À medida que desenvolvemos nosso ouvido, somos capazes de identificar em uma frase não só aquelas palavras que já conhe-cemos o significado, mas também aquelas outras que não sabe-mos o que significam. Isso graças ao desenvolvimento da lingua-gem, que nos permite identificar sons e espaçá-los corretamente, o que faz com que à medida que tenhamos um maior vocabulário no novo idioma, seja cada vez mais fácil poder escutar frases mais extensas e complexas.

A fase de domínio ocorre quando somos capazes de ouvir cada som separadamente e identificar o significado, tanto de cada pa-lavra como da frase como um todo, algo que com o tempo e a prática se torna automático, e não temos que realizar nenhum esforço para compreender esse idioma que nos custou tanto para aprender.

Essa capacidade de desenvolvimento da linguagem é chamada de segmentação, e permite reconhecer diferentes partículas da fala, etapa anterior e necessária para identificar sujeito, verbo, com-plementos..., um processo que alguns estudos anteriores indica-ram que pode ser iniciado a partir do 10 meses de idade, depen-dendo do idioma em que o estudo é realizado. Mas, é possível melhorar o desenvolvimento da linguagem infantil?

Isso é justamente o que está sendo pesquisado no Instituto Marx Planck de Psicolinguística, da Universidade de Utrecht, a Univer-sidade Radboud Nijmegen e a Universidade de Amsterdã (Países Baixos), a Universidade Ocidental de Sydney (Austrália), publica-do recentemente na revista científica Brain Science.

Foram realizados dois estudos para analisar o desenvolvimento da linguagem infantil. Do primeiro estudo participaram 15 meninas e 13 meninos, com dez meses de idade, aos quais foram apresen-tados estímulos auditivos, e avaliados seis meses depois, para comprovar se mantinham a recordação. Para tanto, foi utilizado um teste de identificação de sons familiares e de registro de sua atividade cerebral. Os resultados mostram uma melhora significa-tiva, comparando com um grupo de controle que não recebeu a estimulação prévia.

O mesmo teste foi realizado aos cinco anos de idade, para com-provar se mantinham aquela melhora original por terem sido ex-postos a estímulos de um idioma diferente do seu, desta vez ava-liados através de um questionário padronizado denominado Rey-nell Developmental Language Scales. Os resultados mostram que não se observam diferenças significativas, em comparação ao grupo de controle, dos que foram expostos precocemente ao idi-oma novo.

Como apontam os autores, é necessário distinguir a influência precoce positiva de outros idiomas, do efeito da passagem do tempo, o qual, a todos, crianças e adultos, faz com que vamos nos esquecendo daquilo que não usamos; por exemplo, se apren-demos francês e não voltamos a usá-lo, é provável que cinco anos depois tenhamos dificuldade em reconhecer as palavras de uma conversa normal.

Entre as limitações do estudo está o pequeno número de partici-pantes, e o fato de que o novo idioma, apesar de ter uma raiz lin-guística diferente, é relativamente acessível, devido à proximida-de geográfica dos participantes envolvidos no estudo.

Da mesma forma, o efeito da passagem do tempo é confundido com o possível, ou não, desenvolvimento da linguagem. Portanto, seria necessário observar se essa estimulação precoce, que ofe-rece resultados tão bons, serve para que essas crianças aprendam a língua mais rapidamente do que os outras da mesma idade, que não foram expostas tão cedo a esse novo idioma.

Como vemos, a intervenção é possível e eficaz, se conhecermos quais variáveis estão em jogo nesse processo.

Conclusões

O campo de estudo da Psicologia abrange qualquer atividade humana; para entender como ela ocorre e que influência pode ter na sua vida, portanto, está incluída uma atividade cada vez mais frequente em adultos e jovens, o uso amplo e intensivo da Internet, principalmente no que se refere ao gerenciamento de redes sociais.

Sobre Juan Moisés de la Serna

É Doutor em Psicologia, Mestre em Neurociências e Biologia do Comportamento, e Especialista em Hipnose Clínica, reconhecido pelo International Biographical Center (Cambridge - Grã-Bretanha) como um dos cem melhores profissionais da saúde do mundo no ano de 2010. Desenvolve seu trabalho docente em di-ferentes universidades nacionais e internacionais.

Divulgador científico com participação em congressos, conferên-cias e seminários; colaborador em vários jornais, mídias digitais e programas de rádio; autor do blog "Cátedra Abierta de Psicología y Neurociencias" e dezessete livros sobre vários temas.

Atualmente, desenvolve seu trabalho de investigação de Big Data aplicado à saúde, trabalhando com dados provenientes da Índia, EUA ou Canadá, entre outros, trabalho que complementa com assessoria a Startups de tecnologia orientadas para o bem-estar pessoal e a Psicologias.

www.ingramcontent.com/pod-product-compliance
Lightning Source LLC
Chambersburg PA
CBHW051908250726

48659CB00002B/530